Livre De Gratitude

„GRATITUDE IS THE FAIREST
BLOSSOM WHICH SPRINGS
FROM THE SOUL.“

HENRY WARD BEECHER

Ce livre appartient à:

....

....

I ———————— ♡ ———————— I

Les personnes pour lesquelles je suis reconnaissante :

....

....

....

....

....

....

....

....

I ———————— ♡ ———————— I

Ce qui me rend spécialement heureux/heureuse :

....

....

....

....

....

....

....

....

Cette citation représente beaucoup pour moi...

....

....

....

....

....

....parce que :

....

....

....

....

....

....

....

♡

Aujourd`hui, je suis reconnaissante pour:

DATE
/   /

1 ....

2 ....

3 ....

4 ....

♡

1 ....

2 ....

3 ....

4 ....

Aujourd`hui, je suis reconnaissante pour:

DATE
/   /

♡

Aujourd`hui, je suis reconnaissante pour:

DATE
/   /

1 ....

2 ....

3 ....

4 ....

♡

1 ....

2 ....

3 ....

4 ....

Aujourd`hui, je suis reconnaissante pour:

DATE
/   /

♡

♡

Aujourd'hui, je suis reconnaissante pour :

DATE
/ /

1 ....
2 ....
3 ....
4 ....

♡

.... 1
.... 2
.... 3
.... 4

Aujourd'hui, je suis reconnaissante pour :

DATE
/ /

♡

Aujourd'hui, je suis reconnaissante pour :

DATE
/ /

1 ....
2 ....
3 ....
4 ....

Ce qui aurait pu se passer mieux, cette semaine...

....
....

Ceci était le moment fort de cette semaine...

....
....

😄   😊   😐   🙁

♡

♡

Aujourd'hui, je
suis reconnaissante
pour:

DATE
/ /

1 ....

2 ....

3 ....

4 ....

♡

1 ....

2 ....

3 ....

4 ....

Aujourd'hui, je
suis reconnaissante
pour:

DATE
/ /

♡

Aujourd'hui, je
suis reconnaissante
pour:

DATE
/ /

1 ....

2 ....

3 ....

4 ....

♡

1 ....

2 ....

3 ....

4 ....

Aujourd'hui, je
suis reconnaissante
pour:

DATE
/ /

♡

♡

Aujourd'hui, je suis reconnaissante pour :

DATE
/ /

1 ....
2 ....
3 ....
4 ....

♡

1 ....
2 ....
3 ....
4 ....

Aujourd'hui, je suis reconnaissante pour :

DATE
/ /

♡

Aujourd'hui, je suis reconnaissante pour :

DATE
/ /

1 ....
2 ....
3 ....
4 ....

Ce qui aurait pu se passer mieux, cette semaine...

....
....

Ceci était le moment fort de cette semaine...

....
....

♡

♡

Aujourd'hui, je
suis reconnaissante
pour:

DATE
/ /

1 ....
2 ....
3 ....
4 ....

♡

....
1
....
2
....
3
....
4
....

Aujourd'hui, je
suis reconnaissante
pour:

DATE
/ /

♡

Aujourd'hui, je
suis reconnaissante
pour:

DATE
/ /

1 ....
2 ....
3 ....
4 ....

♡

....
1
....
2
....
3
....
4
....

Aujourd'hui, je
suis reconnaissante
pour:

DATE
/ /

♡

♡

Aujourd'hui, je suis reconnaissante pour:

DATE
/ /

1 ....
2 ....
3 ....
4 ....
....

♡

....
....
....
....

1
2
3
4

Aujourd'hui, je suis reconnaissante pour:

DATE
/ /

♡

Aujourd'hui, je suis reconnaissante pour:

DATE
/ /

1 ....
2 ....
3 ....
4 ....
....

Ce qui aurait pu se passer mieux, cette semaine...

....
....

Ceci était le moment fort de cette semaine...

....
....

😄   😊   😐   🙁

♡

Aujourd'hui, je
suis reconnaissante
pour:

DATE
/ /

1 ....
2 ....
3 ....
4 ....

♡

....
....
....
....
....

1
2
3
4

Aujourd'hui, je
suis reconnaissante
pour:

DATE
/ /

♡

Aujourd'hui, je
suis reconnaissante
pour:

DATE
/ /

1 ....
2 ....
3 ....
4 ....

♡

....
....
....
....
....

1
2
3
4

Aujourd'hui, je
suis reconnaissante
pour:

DATE
/ /

♡

♡

Aujourd'hui, je suis reconnaissante pour:

DATE
/ /

1 ....
2 ....
3 ....
4 ....

♡

....
....
....
....
....

1
2
3
4

Aujourd'hui, je suis reconnaissante pour:

DATE
/ /

♡

Aujourd'hui, je suis reconnaissante pour:

DATE
/ /

1 ....
2 ....
3 ....
4 ....

Ce qui aurait pu se passer mieux, cette semaine...

....
....

Ceci était le moment fort de cette semaine...

....
....

😄   🙂   😐   🙁

UN AMI EST LONG À
TROUVER ET
PROMPT À
perdre

♡

*Aujourd'hui, je
suis reconnaissante
pour:*

DATE
/   /

1 ....
2 ....
3 ....
4 ....

♡

1 ....
2 ....
3 ....
4 ....

*Aujourd'hui, je
suis reconnaissante
pour:*

DATE
/   /

♡

*Aujourd'hui, je
suis reconnaissante
pour:*

DATE
/   /

1 ....
2 ....
3 ....
4 ....

♡

1 ....
2 ....
3 ....
4 ....

*Aujourd'hui, je
suis reconnaissante
pour:*

DATE
/   /

♡

♡

Aujourd'hui, je suis reconnaissante pour:

DATE
/ /

1 ....
2 ....
3 ....
4 ....

♡

....
....
....
....

1
2
3
4

Aujourd'hui, je suis reconnaissante pour:

DATE
/ /

♡

Aujourd'hui, je suis reconnaissante pour:

DATE
/ /

1 ....
2 ....
3 ....
4 ....

Ce qui aurait pu se passer mieux, cette semaine...

....
....

Ceci était le moment fort de cette semaine...

....
....

♡

♡

Aujourd'hui, je suis reconnaissante pour:

DATE
/   /

1 ....
2 ....
3 ....
4 ....

♡

....
....
....
....
....

1
2
3
4

Aujourd'hui, je suis reconnaissante pour:

DATE
/   /

♡

Aujourd'hui, je suis reconnaissante pour:

DATE
/   /

1 ....
2 ....
3 ....
4 ....

♡

....
....
....
....
....

1
2
3
4

Aujourd'hui, je suis reconnaissante pour:

DATE
/   /

♡

♡

Aujourd'hui, je suis reconnaissante pour :

DATE
/ /

1 ....
2 ....
3 ....
4 ....

♡

1 ....
2 ....
3 ....
4 ....

Aujourd'hui, je suis reconnaissante pour :

DATE
/ /

♡

Aujourd'hui, je suis reconnaissante pour :

DATE
/ /

1 ....
2 ....
3 ....
4 ....

Ce qui aurait pu se passer mieux, cette semaine...

....
....

Ceci était le moment fort de cette semaine...

....
....

😄   😊   😐   🙁

♡

♡

Aujourd'hui, je
suis reconnaissante
pour:

DATE
/   /

1 ....
2 ....
3 ....
4 ....

♡

....
....
....
....
....

1
2
3
4

Aujourd'hui, je
suis reconnaissante
pour:

DATE
/   /

♡

Aujourd'hui, je
suis reconnaissante
pour:

DATE
/   /

1 ....
2 ....
3 ....
4 ....

♡

....
....
....
....
....

1
2
3
4

Aujourd'hui, je
suis reconnaissante
pour:

DATE
/   /

♡

Aujourd'hui, je
suis reconnaissante
pour:

DATE
/ /

1
2
3
4

Aujourd'hui, je
suis reconnaissante
pour:

DATE
/ /

1
2
3
4

Aujourd'hui, je
suis reconnaissante
pour:

DATE
/ /

1
2
3
4

Ce qui aurait pu se passer mieux, cette semaine...

Ceci était le moment fort de cette semaine...

♡

Aujourd'hui, je
suis reconnaissante
pour:

DATE
/   /

1 ....
2 ....
3 ....
4 ....

♡

1 ....
2 ....
3 ....
4 ....

Aujourd'hui, je
suis reconnaissante
pour:

DATE
/   /

♡

Aujourd'hui, je
suis reconnaissante
pour:

DATE
/   /

1 ....
2 ....
3 ....
4 ....

♡

1 ....
2 ....
3 ....
4 ....

Aujourd'hui, je
suis reconnaissante
pour:

DATE
/   /

♡

♡

Aujourd'hui, je suis reconnaissante pour :

DATE
/ /

1 ....
2 ....
3 ....
4 ....

♡

1 ....
2 ....
3 ....
4 ....

Aujourd'hui, je suis reconnaissante pour :

DATE
/ /

♡

Aujourd'hui, je suis reconnaissante pour :

DATE
/ /

1 ....
2 ....
3 ....
4 ....

Ce qui aurait pu se passer mieux, cette semaine...

....
....

Ceci était le moment fort de cette semaine...

....
....

😄   🙂   😐   🙁

♡

TOUT CE QUI BRILLE N'EST PAS OR.

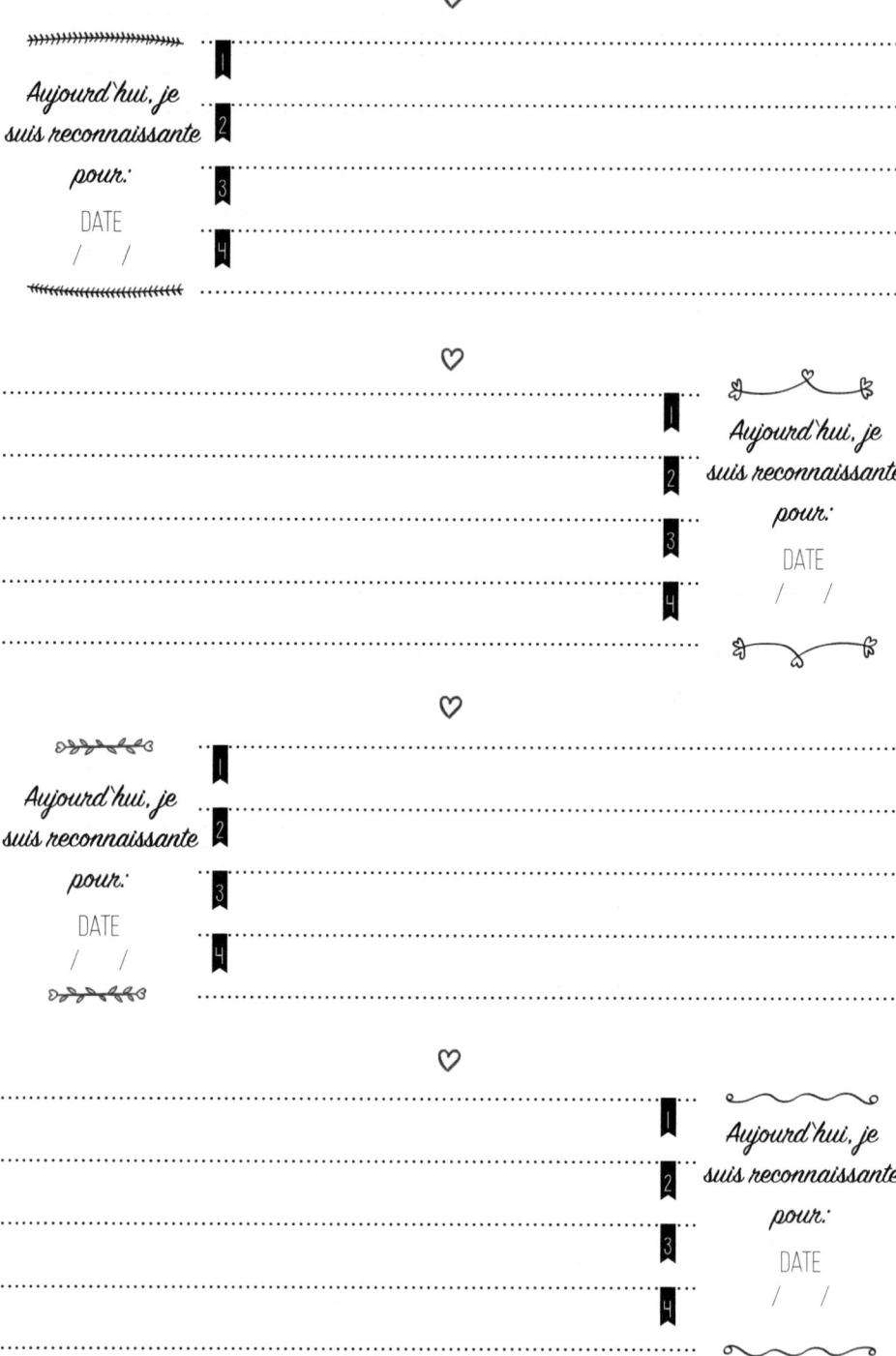

Aujourd'hui, je suis reconnaissante pour:

DATE
/ /

1
2
3
4

Aujourd'hui, je suis reconnaissante pour:

DATE
/ /

1
2
3
4

Aujourd'hui, je suis reconnaissante pour:

DATE
/ /

1
2
3
4

Aujourd'hui, je suis reconnaissante pour:

DATE
/ /

1
2
3
4

♡

Aujourd'hui, je suis reconnaissante pour:

DATE
/   /

1 ....
2 ....
3 ....
4 ....

♡

....
....
....
....

1
2
3
4

Aujourd'hui, je suis reconnaissante pour:

DATE
/   /

♡

Aujourd'hui, je suis reconnaissante pour:

DATE
/   /

1 ....
2 ....
3 ....
4 ....

Ce qui aurait pu se passer mieux, cette semaine...

....
....

Ceci était le moment fort de cette semaine...

....
....

😄 🙂 😐 🙁

♡

♡

*Aujourd'hui, je
suis reconnaissante
pour:*

1 ....
2 ....
3 ....
4 ....

DATE
/   /

♡

1 ....
2 ....
3 ....
4 ....

*Aujourd'hui, je
suis reconnaissante
pour:*

DATE
/   /

♡

*Aujourd'hui, je
suis reconnaissante
pour:*

1 ....
2 ....
3 ....
4 ....

DATE
/   /

♡

1 ....
2 ....
3 ....
4 ....

*Aujourd'hui, je
suis reconnaissante
pour:*

DATE
/   /

♡

♡

Aujourd'hui, je suis reconnaissante pour:

DATE
/ /

1 ....
2 ....
3 ....
4 ....

♡

1 ....
2 ....
3 ....
4 ....

Aujourd'hui, je suis reconnaissante pour:

DATE
/ /

♡

Aujourd'hui, je suis reconnaissante pour:

DATE
/ /

1 ....
2 ....
3 ....
4 ....

Ce qui aurait pu se passer mieux, cette semaine...

....

Ceci était le moment fort de cette semaine...

....

☺ ☺ 😐 ☹

♡

♡

Aujourd'hui, je suis reconnaissante pour:

DATE
/ /

1 ....
2 ....
3 ....
4 ....

♡

1 ....
2 ....
3 ....
4 ....

Aujourd'hui, je suis reconnaissante pour:

DATE
/ /

♡

Aujourd'hui, je suis reconnaissante pour:

DATE
/ /

1 ....
2 ....
3 ....
4 ....

♡

1 ....
2 ....
3 ....
4 ....

Aujourd'hui, je suis reconnaissante pour:

DATE
/ /

♡

♡

Aujourd'hui, je suis reconnaissante pour:

DATE
/   /

1 ....
2 ....
3 ....
4 ....

♡

.... 1
.... 2
.... 3
.... 4

Aujourd'hui, je suis reconnaissante pour:

DATE
/   /

♡

Aujourd'hui, je suis reconnaissante pour:

DATE
/   /

1 ....
2 ....
3 ....
4 ....

Ce qui aurait pu se passer mieux, cette semaine...

....
....

Ceci était le moment fort de cette semaine...

....
....

😁   😊   😐   🙁

♡

♡

Aujourd'hui, je
suis reconnaissante
pour:

DATE
/   /

1
2
3
4

♡

1
2
3
4

Aujourd'hui, je
suis reconnaissante
pour:

DATE
/   /

♡

Aujourd'hui, je
suis reconnaissante
pour:

DATE
/   /

1
2
3
4

♡

1
2
3
4

Aujourd'hui, je
suis reconnaissante
pour:

DATE
/   /

♡

♡

Aujourd'hui, je suis reconnaissante pour:

DATE
/ /

1 ....
2 ....
3 ....
4 ....

♡

.... 1
.... 2
.... 3
.... 4

Aujourd'hui, je suis reconnaissante pour:

DATE
/ /

♡

Aujourd'hui, je suis reconnaissante pour:

DATE
/ /

1 ....
2 ....
3 ....
4 ....

Ce qui aurait pu se passer mieux, cette semaine...

....

....

Ceci était le moment fort de cette semaine...

....

....

😀 🙂 😐 🙁

♡

On récolte
ce qu'on a semé.

♡

Aujourd'hui, je
suis reconnaissante
pour:

DATE
/   /

1 ....
2 ....
3 ....
4 ....

♡

....
....
....
....
....

1
2
3
4

Aujourd'hui, je
suis reconnaissante
pour:

DATE
/   /

♡

Aujourd'hui, je
suis reconnaissante
pour:

DATE
/   /

1 ....
2 ....
3 ....
4 ....

♡

....
....
....
....
....

1
2
3
4

Aujourd'hui, je
suis reconnaissante
pour:

DATE
/   /

♡

♡

Aujourd'hui, je suis reconnaissante pour:

DATE
/   /

1 ....
2 ....
3 ....
4 ....

♡

.... 1
.... 2
.... 3
.... 4

Aujourd'hui, je suis reconnaissante pour:

DATE
/   /

♡

Aujourd'hui, je suis reconnaissante pour:

DATE
/   /

1 ....
2 ....
3 ....
4 ....

Ce qui aurait pu se passer mieux, cette semaine...
....
....

Ceci était le moment fort de cette semaine...
....
....

😄   🙂   😐   🙁

♡

♡

Aujourd'hui, je
suis reconnaissante
pour :

DATE
/   /

1 ....

2 ....

3 ....

4 ....

♡

....

....

....

....

1

2

3

4

Aujourd'hui, je
suis reconnaissante
pour :

DATE
/   /

♡

Aujourd'hui, je
suis reconnaissante
pour :

DATE
/   /

1 ....

2 ....

3 ....

4 ....

♡

....

....

....

....

1

2

3

4

Aujourd'hui, je
suis reconnaissante
pour :

DATE
/   /

♡

♡

Aujourd'hui, je suis reconnaissante pour:

DATE
/   /

1 ....
2 ....
3 ....
4 ....

♡

.... 1
.... 2
.... 3
.... 4

Aujourd'hui, je suis reconnaissante pour:

DATE
/   /

♡

Aujourd'hui, je suis reconnaissante pour:

DATE
/   /

1 ....
2 ....
3 ....
4 ....

Ce qui aurait pu se passer mieux, cette semaine...

....
....

Ceci était le moment fort de cette semaine...

....
....

♡

♡

Aujourd'hui, je suis reconnaissante pour :

DATE
/   /

1 ....
2 ....
3 ....
4 ....

♡

1 ....
2 ....
3 ....
4 ....

Aujourd'hui, je suis reconnaissante pour :

DATE
/   /

♡

Aujourd'hui, je suis reconnaissante pour :

DATE
/   /

1 ....
2 ....
3 ....
4 ....

♡

1 ....
2 ....
3 ....
4 ....

Aujourd'hui, je suis reconnaissante pour :

DATE
/   /

♡

♡

Aujourd'hui, je suis reconnaissante pour:

DATE
/   /

1
2
3
4

♡

1
2
3
4

Aujourd'hui, je suis reconnaissante pour:

DATE
/   /

♡

Aujourd'hui, je suis reconnaissante pour:

DATE
/   /

1
2
3
4

Ce qui aurait pu se passer mieux, cette semaine...

Ceci était le moment fort de cette semaine...

♡

Aujourd'hui, je
suis reconnaissante
pour :

DATE
/   /

1 ....
2 ....
3 ....
4 ....

♡

....
....
....
....
....

1
2
3
4

Aujourd'hui, je
suis reconnaissante
pour :

DATE
/   /

♡

Aujourd'hui, je
suis reconnaissante
pour :

DATE
/   /

1 ....
2 ....
3 ....
4 ....

♡

....
....
....
....
....

1
2
3
4

Aujourd'hui, je
suis reconnaissante
pour :

DATE
/   /

♡

♡

Aujourd'hui, je suis reconnaissante pour :

DATE
/ /

1 ....
2 ....
3 ....
4 ....

♡

1 ....
2 ....
3 ....
4 ....

Aujourd'hui, je suis reconnaissante pour :

DATE
/ /

♡

Aujourd'hui, je suis reconnaissante pour :

DATE
/ /

1 ....
2 ....
3 ....
4 ....

Ce qui aurait pu se passer mieux, cette semaine...
....
....

Ceci était le moment fort de cette semaine...
....
....

♡

ON NE FAIT RIEN

AVEC *rien,*

♡

Aujourd'hui, je suis reconnaissante pour:

DATE / /

1 ....
2 ....
3 ....
4 ....

♡

1 ....
2 ....
3 ....
4 ....

Aujourd'hui, je suis reconnaissante pour:

DATE / /

♡

Aujourd'hui, je suis reconnaissante pour:

DATE / /

1 ....
2 ....
3 ....
4 ....

♡

1 ....
2 ....
3 ....
4 ....

Aujourd'hui, je suis reconnaissante pour:

DATE / /

♡

♡

Aujourd'hui, je suis reconnaissante pour :

DATE
/   /

1 ....
2 ....
3 ....
4 ....

♡

....
....
....
....

1
2
3
4

Aujourd'hui, je suis reconnaissante pour :

DATE
/   /

♡

Aujourd'hui, je suis reconnaissante pour :

DATE
/   /

1 ....
2 ....
3 ....
4 ....

Ce qui aurait pu se passer mieux, cette semaine...

....
....

Ceci était le moment fort de cette semaine...

....
....

♡

♡

Aujourd'hui, je
suis reconnaissante
pour:

DATE
/   /

1 ....
2 ....
3 ....
4 ....

♡

1 ....
2 ....
3 ....
4 ....

Aujourd'hui, je
suis reconnaissante
pour:

DATE
/   /

♡

Aujourd'hui, je
suis reconnaissante
pour:

DATE
/   /

1 ....
2 ....
3 ....
4 ....

♡

1 ....
2 ....
3 ....
4 ....

Aujourd'hui, je
suis reconnaissante
pour:

DATE
/   /

♡

♡

Aujourd'hui, je suis reconnaissante pour :

DATE
/ /

1 ....
2 ....
3 ....
4 ....

♡

1 ....
2 ....
3 ....
4 ....

Aujourd'hui, je suis reconnaissante pour :

DATE
/ /

♡

Aujourd'hui, je suis reconnaissante pour :

DATE
/ /

1 ....
2 ....
3 ....
4 ....

Ce qui aurait pu se passer mieux, cette semaine…

....
....

Ceci était le moment fort de cette semaine…

....
....

😆 😊 😐 🙁

♡

♡

Aujourd'hui, je
suis reconnaissante
pour :

DATE
/   /

1 ....
2 ....
3 ....
4 ....

♡

1 ....
2 ....
3 ....
4 ....

Aujourd'hui, je
suis reconnaissante
pour :

DATE
/   /

♡

Aujourd'hui, je
suis reconnaissante
pour :

DATE
/   /

1 ....
2 ....
3 ....
4 ....

♡

1 ....
2 ....
3 ....
4 ....

Aujourd'hui, je
suis reconnaissante
pour :

DATE
/   /

♡

♡

Aujourd'hui, je suis reconnaissante pour:

DATE
/ /

1 ....
2 ....
3 ....
4 ....

♡

....
....
....
....
....

1
2
3
4

Aujourd'hui, je suis reconnaissante pour:

DATE
/ /

♡

Aujourd'hui, je suis reconnaissante pour:

DATE
/ /

1 ....
2 ....
3 ....
4 ....

Ce qui aurait pu se passer mieux, cette semaine...

....
....

Ceci était le moment fort de cette semaine...

....
....

♡

♡

Aujourd'hui, je
suis reconnaissante
pour:

DATE
/   /

1 ....

2 ....

3 ....

4 ....

♡

....

....

....

....

....

1
2
3
4

Aujourd'hui, je
suis reconnaissante
pour:

DATE
/   /

♡

Aujourd'hui, je
suis reconnaissante
pour:

DATE
/   /

1 ....

2 ....

3 ....

4 ....

♡

....

....

....

....

....

1
2
3
4

Aujourd'hui, je
suis reconnaissante
pour:

DATE
/   /

♡

♡

Aujourd'hui, je suis reconnaissante pour:

DATE
/ /

1 ....
2 ....
3 ....
4 ....

♡

....
....
....
....
....

1
2
3
4

Aujourd'hui, je suis reconnaissante pour:

DATE
/ /

♡

Aujourd'hui, je suis reconnaissante pour:

DATE
/ /

1 ....
2 ....
3 ....
4 ....

Ce qui aurait pu se passer mieux, cette semaine...

....
....

Ceci était le moment fort de cette semaine...

....
....

♡

CHACUN EST L'ARTISAN DE SA FORTUNE.

fortune

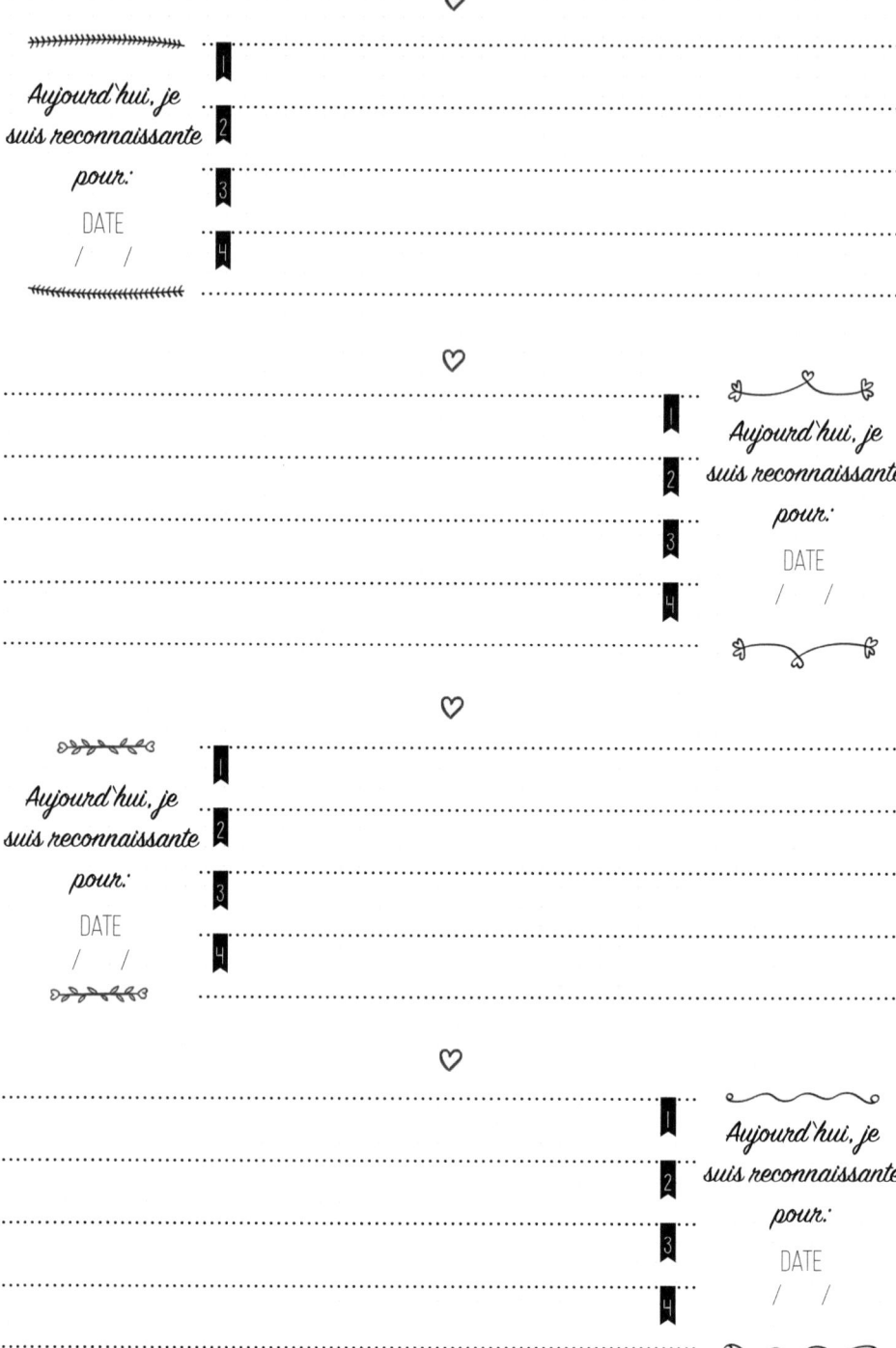

*Aujourd'hui, je
suis reconnaissante
pour:*

DATE
/ /

1
2
3
4

1
2
3
4

*Aujourd'hui, je
suis reconnaissante
pour:*

DATE
/ /

*Aujourd'hui, je
suis reconnaissante
pour:*

DATE
/ /

1
2
3
4

1
2
3
4

*Aujourd'hui, je
suis reconnaissante
pour:*

DATE
/ /

♡

Aujourd'hui, je suis reconnaissante pour :

DATE
/ /

1 ....
2 ....
3 ....
4 ....

♡

....
....
....
....
....

1
2
3
4

Aujourd'hui, je suis reconnaissante pour :

DATE
/ /

♡

Aujourd'hui, je suis reconnaissante pour :

DATE
/ /

1 ....
2 ....
3 ....
4 ....

Ce qui aurait pu se passer mieux, cette semaine...
....
....

Ceci était le moment fort de cette semaine...
....
....

♡

♡

Aujourd'hui, je suis reconnaissante pour:

DATE
/ /

1 ....
2 ....
3 ....
4 ....

♡

....
....
....
....

1
2
3
4

Aujourd'hui, je suis reconnaissante pour:

DATE
/ /

♡

Aujourd'hui, je suis reconnaissante pour:

DATE
/ /

1 ....
2 ....
3 ....
4 ....

♡

....
....
....
....

1
2
3
4

Aujourd'hui, je suis reconnaissante pour:

DATE
/ /

♡

♡

Aujourd'hui, je suis reconnaissante pour :

DATE / /

1 ....

2 ....

3 ....

4 ....

♡

1 ....

2 ....

3 ....

4 ....

Aujourd'hui, je suis reconnaissante pour :

DATE / /

♡

Aujourd'hui, je suis reconnaissante pour :

DATE / /

1 ....

2 ....

3 ....

4 ....

Ce qui aurait pu se passer mieux, cette semaine...

....

....

Ceci était le moment fort de cette semaine...

....

....

♡

♡

Aujourd'hui, je suis reconnaissante pour :

DATE
/ /

1 ....
2 ....
3 ....
4 ....

♡

....
....
....
....

1
2
3
4

Aujourd'hui, je suis reconnaissante pour :

DATE
/ /

♡

Aujourd'hui, je suis reconnaissante pour :

DATE
/ /

1 ....
2 ....
3 ....
4 ....

♡

....
....
....
....

1
2
3
4

Aujourd'hui, je suis reconnaissante pour :

DATE
/ /

♡

♡

Aujourd'hui, je suis reconnaissante pour:

DATE
/ /

1 ....
2 ....
3 ....
4 ....

♡

1 ....
2 ....
3 ....
4 ....

Aujourd'hui, je suis reconnaissante pour:

DATE
/ /

♡

Aujourd'hui, je suis reconnaissante pour:

DATE
/ /

1 ....
2 ....
3 ....
4 ....

Ce qui aurait pu se passer mieux, cette semaine...

....
....

Ceci était le moment fort de cette semaine...

....
....

😊 🙂 😐 🙁

♡

*Aujourd'hui, je
suis reconnaissante
pour:*

1
2
3
4

DATE
/ /

♡

1
2
3
4

*Aujourd'hui, je
suis reconnaissante
pour:*

DATE
/ /

♡

*Aujourd'hui, je
suis reconnaissante
pour:*

1
2
3
4

DATE
/ /

♡

1
2
3
4

*Aujourd'hui, je
suis reconnaissante
pour:*

DATE
/ /

♡

♡

Aujourd'hui, je suis reconnaissante pour:

DATE
/ /

1 ....
2 ....
3 ....
4 ....

♡

.... 1
.... 2
.... 3
.... 4

Aujourd'hui, je suis reconnaissante pour:

DATE
/ /

♡

Aujourd'hui, je suis reconnaissante pour:

DATE
/ /

1 ....
2 ....
3 ....
4 ....

Ce qui aurait pu se passer mieux, cette semaine...

....
....

Ceci était le moment fort de cette semaine...

....
....

TEL EST PRIS QUI CROYAIT PRENDRE.

♡

Aujourd'hui, je suis reconnaissante pour:

DATE
/   /

1 ....
2 ....
3 ....
4 ....

♡

....
....
....
....
....

1
2
3
4

Aujourd'hui, je suis reconnaissante pour:

DATE
/   /

♡

Aujourd'hui, je suis reconnaissante pour:

DATE
/   /

1 ....
2 ....
3 ....
4 ....

♡

....
....
....
....
....

1
2
3
4

Aujourd'hui, je suis reconnaissante pour:

DATE
/   /

♡

♡

Aujourd'hui, je suis reconnaissante pour:

DATE
/   /

1 ....
2 ....
3 ....
4 ....

♡

1 ....
2 ....
3 ....
4 ....

Aujourd'hui, je suis reconnaissante pour:

DATE
/   /

♡

Aujourd'hui, je suis reconnaissante pour:

DATE
/   /

1 ....
2 ....
3 ....
4 ....

Ce qui aurait pu se passer mieux, cette semaine...

....
....

Ceci était le moment fort de cette semaine...

....
....

😊   🙂   😐   🙁

♡

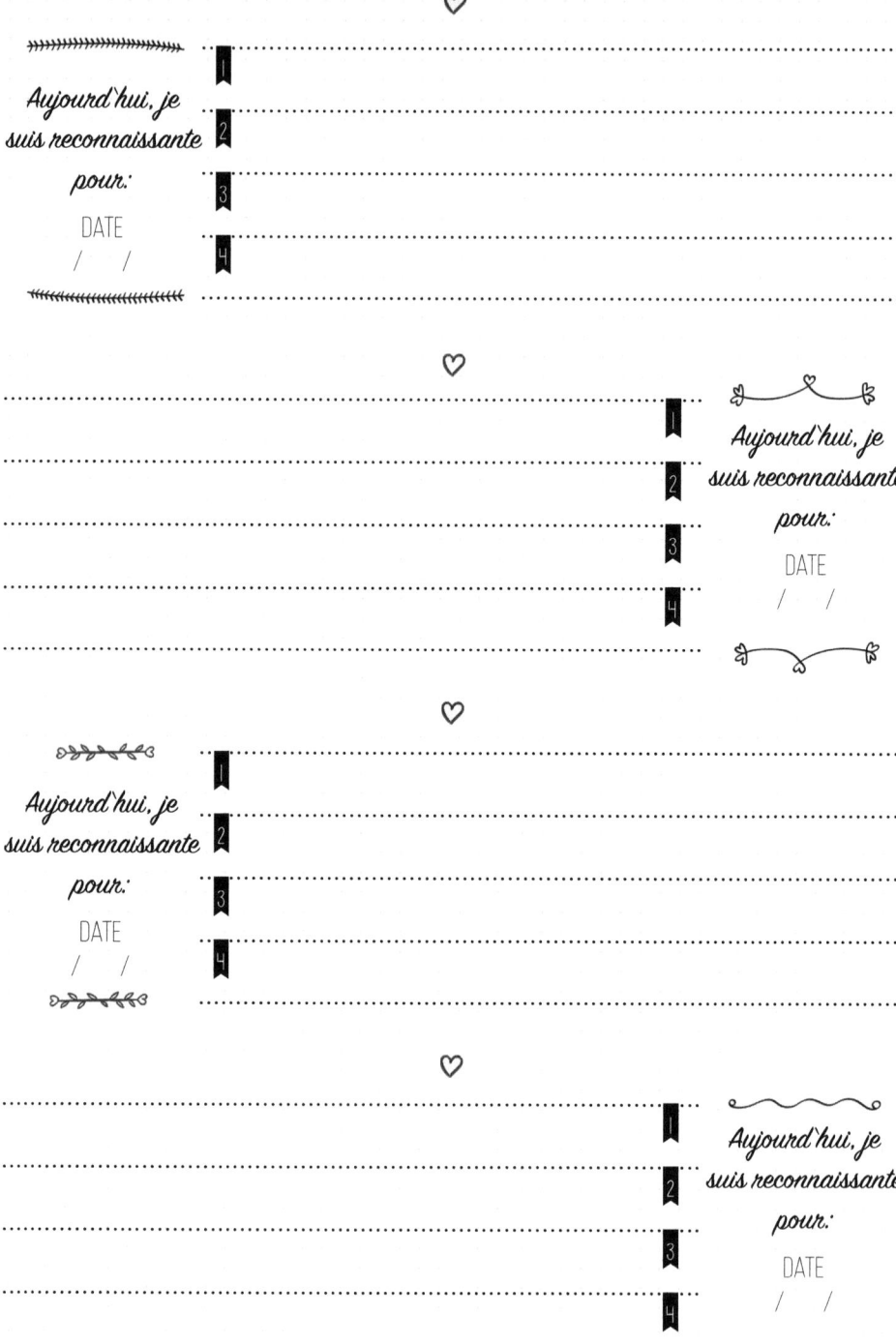

Aujourd'hui, je
suis reconnaissante
pour:

DATE
/   /

1
2
3
4

Aujourd'hui, je
suis reconnaissante
pour:

DATE
/   /

1
2
3
4

Aujourd'hui, je
suis reconnaissante
pour:

DATE
/   /

1
2
3
4

Aujourd'hui, je
suis reconnaissante
pour:

DATE
/   /

1
2
3
4

♡

Aujourd'hui, je suis reconnaissante pour:

DATE
/ /

1 ....
....

2 ....
....

3 ....
....

4 ....
....

♡

....

....

....

....

....

1

2

3

4

Aujourd'hui, je suis reconnaissante pour:

DATE
/ /

♡

Aujourd'hui, je suis reconnaissante pour:

DATE
/ /

1 ....

2 ....

3 ....

4 ....

....

Ce qui aurait pu se passer mieux, cette semaine...

....

....

Ceci était le moment fort de cette semaine...

....

....

♡

♡

Aujourd'hui, je suis reconnaissante pour:

DATE
/ /

1 ....
2 ....
3 ....
4 ....

♡

1
2
3
4

Aujourd'hui, je suis reconnaissante pour:

DATE
/ /

♡

Aujourd'hui, je suis reconnaissante pour:

DATE
/ /

1 ....
2 ....
3 ....
4 ....

♡

1
2
3
4

Aujourd'hui, je suis reconnaissante pour:

DATE
/ /

♡

♡

Aujourd'hui, je suis reconnaissante pour:

DATE / /

1 ....
2 ....
3 ....
4 ....

♡

....
....
....
....
....

1
2
3
4

Aujourd'hui, je suis reconnaissante pour:

DATE / /

♡

Aujourd'hui, je suis reconnaissante pour:

DATE / /

1 ....
2 ....
3 ....
4 ....

Ce qui aurait pu se passer mieux, cette semaine...
....
....

Ceci était le moment fort de cette semaine...
....
....

Aujourd'hui, je
suis reconnaissante
pour :

DATE
/   /

1 ....
2 ....
3 ....
4 ....

1 ....
2 ....
3 ....
4 ....

Aujourd'hui, je
suis reconnaissante
pour :

DATE
/   /

Aujourd'hui, je
suis reconnaissante
pour :

DATE
/   /

1 ....
2 ....
3 ....
4 ....

1 ....
2 ....
3 ....
4 ....

Aujourd'hui, je
suis reconnaissante
pour :

DATE
/   /

♡

Aujourd'hui, je suis reconnaissante pour:

DATE
/ /

1 ....
2 ....
3 ....
4 ....

♡

....
....
....
....
....

1
2
3
4

Aujourd'hui, je suis reconnaissante pour:

DATE
/ /

♡

Aujourd'hui, je suis reconnaissante pour:

DATE
/ /

1 ....
2 ....
3 ....
4 ....

Ce qui aurait pu se passer mieux, cette semaine...

....
....

Ceci était le moment fort de cette semaine...

....
....

♡

" CHAQUE CHOSE
EN SON
temps.
"

♡

Aujourd'hui, je
suis reconnaissante
pour:

DATE
/   /

1 ....
2 ....
3 ....
4 ....

♡

....
....
....
....
....

1
2
3
4

Aujourd'hui, je
suis reconnaissante
pour:

DATE
/   /

♡

Aujourd'hui, je
suis reconnaissante
pour:

DATE
/   /

1 ....
2 ....
3 ....
4 ....

♡

....
....
....
....
....

1
2
3
4

Aujourd'hui, je
suis reconnaissante
pour:

DATE
/   /

♡

♡

Aujourd'hui, je suis reconnaissante pour :

DATE
/ /

1 ....
2 ....
3 ....
4 ....

♡

.... 1
.... 2
.... 3
.... 4

Aujourd'hui, je suis reconnaissante pour :

DATE
/ /

♡

Aujourd'hui, je suis reconnaissante pour :

DATE
/ /

1 ....
2 ....
3 ....
4 ....

Ce qui aurait pu se passer mieux, cette semaine...

....

Ceci était le moment fort de cette semaine...

....

♡

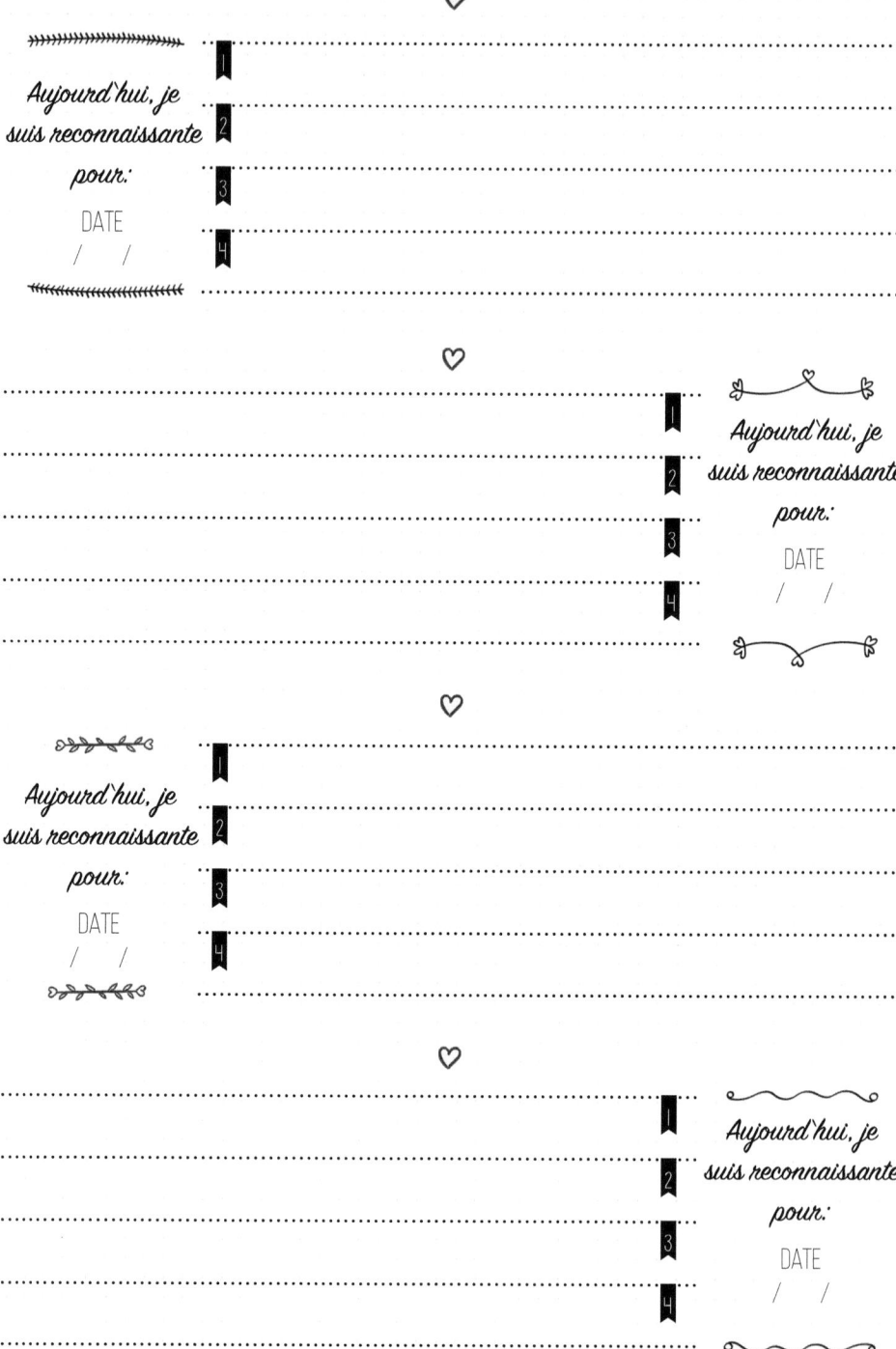

Aujourd'hui, je suis reconnaissante pour:

DATE
/ /

Aujourd'hui, je suis reconnaissante pour:

DATE
/ /

Aujourd'hui, je suis reconnaissante pour:

DATE
/ /

Aujourd'hui, je suis reconnaissante pour:

DATE
/ /

♡

Aujourd'hui, je suis reconnaissante pour :

DATE
/   /

1 ....
2 ....
3 ....
4 ....

♡

1 ....
2 ....
3 ....
4 ....

Aujourd'hui, je suis reconnaissante pour :

DATE
/   /

♡

Aujourd'hui, je suis reconnaissante pour :

DATE
/   /

1 ....
2 ....
3 ....
4 ....

Ce qui aurait pu se passer mieux, cette semaine...

....
....

Ceci était le moment fort de cette semaine...

....
....

♡

♡

Aujourd'hui, je suis reconnaissante pour:

DATE
/ /

1 ....
2 ....
3 ....
4 ....

♡

1 ....
2 ....
3 ....
4 ....

Aujourd'hui, je suis reconnaissante pour:

DATE
/ /

♡

Aujourd'hui, je suis reconnaissante pour:

DATE
/ /

1 ....
2 ....
3 ....
4 ....

♡

1 ....
2 ....
3 ....
4 ....

Aujourd'hui, je suis reconnaissante pour:

DATE
/ /

♡

♡

Aujourd'hui, je suis reconnaissante pour :

DATE
/ /

1 ....
2 ....
3 ....
4 ....

♡

1 ....
2 ....
3 ....
4 ....

Aujourd'hui, je suis reconnaissante pour :

DATE
/ /

♡

Aujourd'hui, je suis reconnaissante pour :

DATE
/ /

1 ....
2 ....
3 ....
4 ....

Ce qui aurait pu se passer mieux, cette semaine...
....
....

Ceci était le moment fort de cette semaine...
....
....

♡

Aujourd'hui, je suis reconnaissante pour:

DATE
/ /

1 ....

2 ....

3 ....

4 ....

♡

1 ....

2 ....

3 ....

4 ....

Aujourd'hui, je suis reconnaissante pour:

DATE
/ /

♡

Aujourd'hui, je suis reconnaissante pour:

DATE
/ /

1 ....

2 ....

3 ....

4 ....

♡

1 ....

2 ....

3 ....

4 ....

Aujourd'hui, je suis reconnaissante pour:

DATE
/ /

♡

♡

Aujourd'hui, je suis reconnaissante pour :

DATE / /

1 ....
2 ....
3 ....
4 ....

♡

....
....
....
....
....

1
2
3
4

Aujourd'hui, je suis reconnaissante pour :

DATE / /

♡

Aujourd'hui, je suis reconnaissante pour :

DATE / /

1 ....
2 ....
3 ....
4 ....

Ce qui aurait pu se passer mieux, cette semaine...

....
....

Ceci était le moment fort de cette semaine...

....
....

♡

CHARITÉ HYPOCRITE QUI
DONNE SIX SOUS POUR
AVOIR VINGT FRANCS DE.
gratitude

„JULES RENARD"

♡

Aujourd'hui, je
suis reconnaissante
pour :

DATE
/ /

1 ....
2 ....
3 ....
4 ....

♡

1 ....
2 ....
3 ....
4 ....

Aujourd'hui, je
suis reconnaissante
pour :

DATE
/ /

♡

Aujourd'hui, je
suis reconnaissante
pour :

DATE
/ /

1 ....
2 ....
3 ....
4 ....

♡

1 ....
2 ....
3 ....
4 ....

Aujourd'hui, je
suis reconnaissante
pour :

DATE
/ /

♡

♡

Aujourd'hui, je suis reconnaissante pour:

DATE
/ /

1 ....
2 ....
3 ....
4 ....

♡

1 ....
2 ....
3 ....
4 ....

Aujourd'hui, je suis reconnaissante pour:

DATE
/ /

♡

Aujourd'hui, je suis reconnaissante pour:

DATE
/ /

1 ....
2 ....
3 ....
4 ....

Ce qui aurait pu se passer mieux, cette semaine...

....
....

Ceci était le moment fort de cette semaine...

....
....

♡

♡

Aujourd`hui, je suis reconnaissante pour:

DATE
/ /

1 ....
2 ....
3 ....
4 ....

♡

1 ....
2 ....
3 ....
4 ....

Aujourd`hui, je suis reconnaissante pour:

DATE
/ /

♡

Aujourd`hui, je suis reconnaissante pour:

DATE
/ /

1 ....
2 ....
3 ....
4 ....

♡

1 ....
2 ....
3 ....
4 ....

Aujourd`hui, je suis reconnaissante pour:

DATE
/ /

♡

♡

Aujourd'hui, je suis reconnaissante pour:

DATE
/ /

1 ....
2 ....
3 ....
4 ....

♡

1 ....
2 ....
3 ....
4 ....

Aujourd'hui, je suis reconnaissante pour:

DATE
/ /

♡

Aujourd'hui, je suis reconnaissante pour:

DATE
/ /

1 ....
2 ....
3 ....
4 ....

Ce qui aurait pu se passer mieux, cette semaine...

....
....

Ceci était le moment fort de cette semaine...

....
....

😄 😊 😐 🙁

♡

♡

Aujourd'hui, je
suis reconnaissante
pour:

DATE
/ /

1 ....
2 ....
3 ....
4 ....

♡

1 ....
2 ....
3 ....
4 ....

Aujourd'hui, je
suis reconnaissante
pour:

DATE
/ /

♡

Aujourd'hui, je
suis reconnaissante
pour:

DATE
/ /

1 ....
2 ....
3 ....
4 ....

♡

1 ....
2 ....
3 ....
4 ....

Aujourd'hui, je
suis reconnaissante
pour:

DATE
/ /

♡

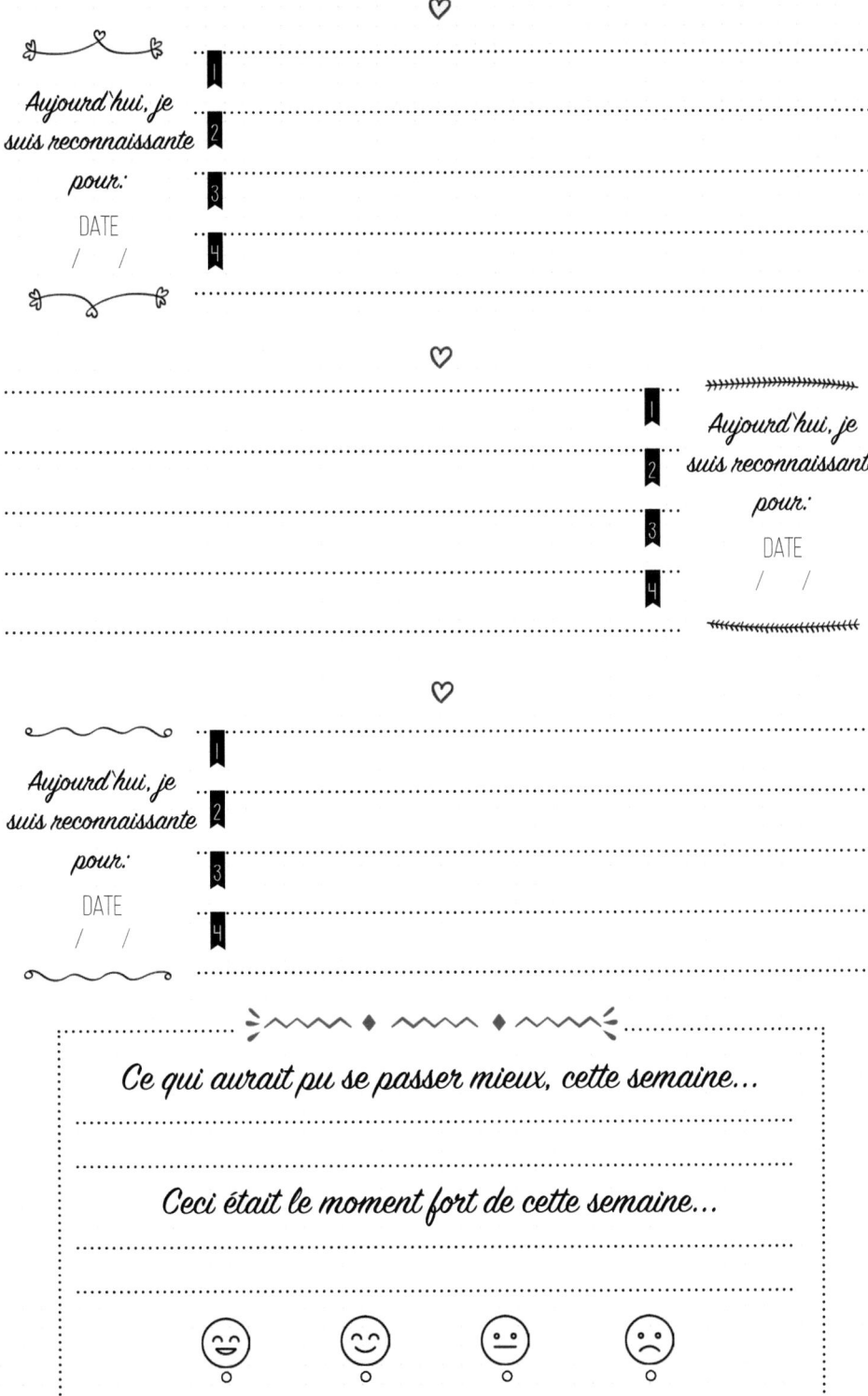

Aujourd'hui, je
suis reconnaissante
pour :

DATE
/ /

1
2
3
4

Aujourd'hui, je
suis reconnaissante
pour :

DATE
/ /

1
2
3
4

Aujourd'hui, je
suis reconnaissante
pour :

DATE
/ /

1
2
3
4

Ce qui aurait pu se passer mieux, cette semaine...

Ceci était le moment fort de cette semaine...

♡

*Aujourd'hui, je
suis reconnaissante
pour:*

DATE
/   /

1 ....
2 ....
3 ....
4 ....
....

♡

....
....
....
....

1
2
3
4

*Aujourd'hui, je
suis reconnaissante
pour:*

DATE
/   /

♡

*Aujourd'hui, je
suis reconnaissante
pour:*

DATE
/   /

1 ....
2 ....
3 ....
4 ....
....

♡

....
....
....
....

1
2
3
4

*Aujourd'hui, je
suis reconnaissante
pour:*

DATE
/   /

♡

♡

Aujourd'hui, je suis reconnaissante pour :

DATE
/ /

1
2
3
4

♡

1
2
3
4

Aujourd'hui, je suis reconnaissante pour :

DATE
/ /

♡

Aujourd'hui, je suis reconnaissante pour :

DATE
/ /

1
2
3
4

Ce qui aurait pu se passer mieux, cette semaine...

Ceci était le moment fort de cette semaine...

POURQUOI SEULEMENT C
HOISIR LE PLAISIR QUAND ON
PEUT AVOIR LA JOIE, LA

gratitude,
LA MÉLANCOLIE MÊME ?

„CHRISTIANE SINGER"

♡

Aujourd'hui, je
suis reconnaissante
pour:

DATE
/   /

1 ....
2 ....
3 ....
4 ....

♡

1 ....
2 ....
3 ....
4 ....

Aujourd'hui, je
suis reconnaissante
pour:

DATE
/   /

♡

Aujourd'hui, je
suis reconnaissante
pour:

DATE
/   /

1 ....
2 ....
3 ....
4 ....

♡

1 ....
2 ....
3 ....
4 ....

Aujourd'hui, je
suis reconnaissante
pour:

DATE
/   /

♡

♡

Aujourd'hui, je suis reconnaissante pour:

DATE
/   /

1 ....
2 ....
3 ....
4 ....

♡

1 ....
2 ....
3 ....
4 ....

Aujourd'hui, je suis reconnaissante pour:

DATE
/   /

♡

Aujourd'hui, je suis reconnaissante pour:

DATE
/   /

1 ....
2 ....
3 ....
4 ....

Ce qui aurait pu se passer mieux, cette semaine...

Ceci était le moment fort de cette semaine...

♡

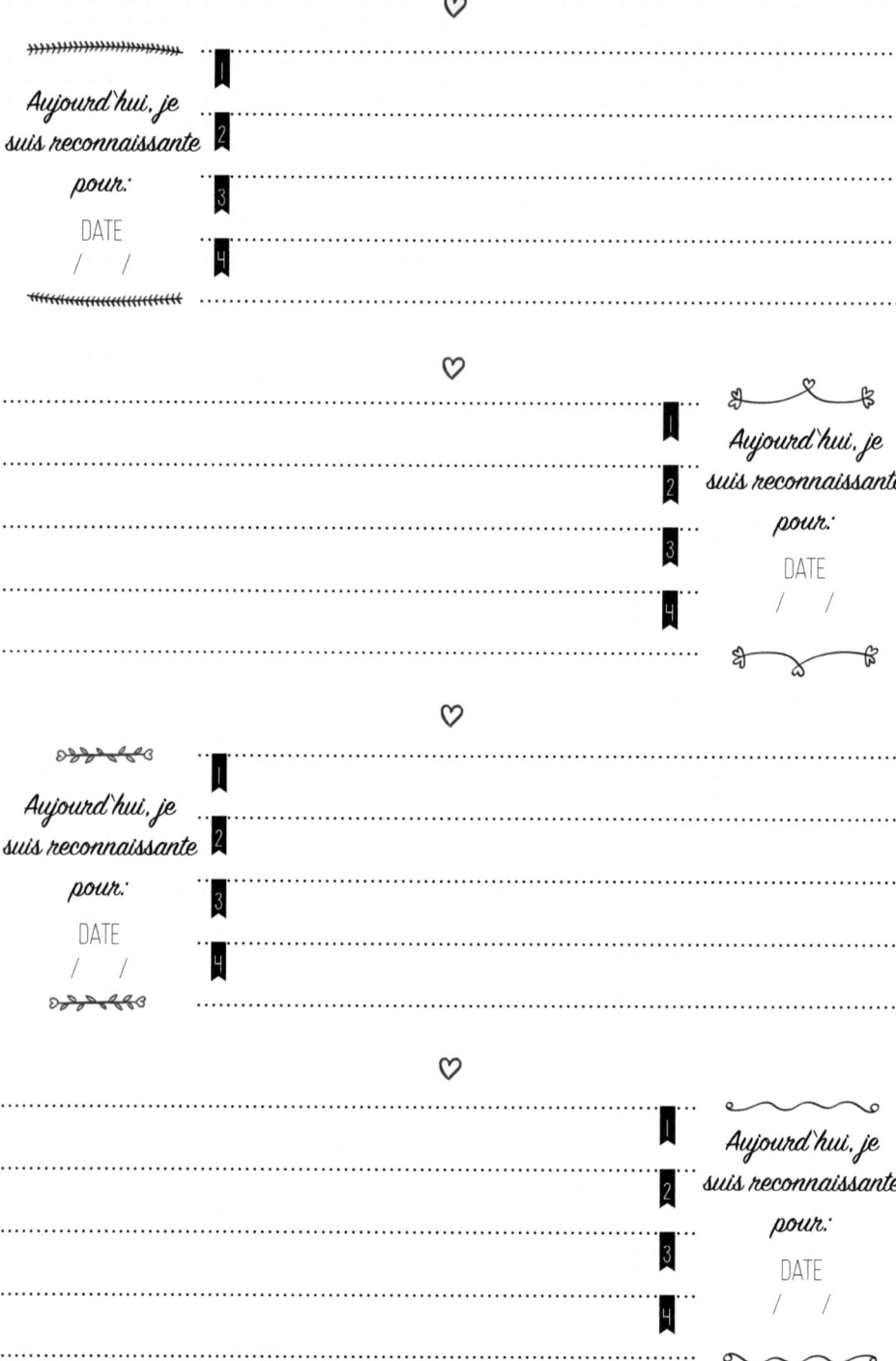

Aujourd'hui, je suis reconnaissante pour :

DATE
/ /

1
2
3
4

Aujourd'hui, je suis reconnaissante pour :

DATE
/ /

1
2
3
4

Aujourd'hui, je suis reconnaissante pour :

DATE
/ /

1
2
3
4

Aujourd'hui, je suis reconnaissante pour :

DATE
/ /

1
2
3
4

♡

Aujourd'hui, je suis reconnaissante pour:

DATE
/ /

1 ....
2 ....
3 ....
4 ....

♡

1 ....
2 ....
3 ....
4 ....

Aujourd'hui, je suis reconnaissante pour:

DATE
/ /

♡

Aujourd'hui, je suis reconnaissante pour:

DATE
/ /

1 ....
2 ....
3 ....
4 ....

Ce qui aurait pu se passer mieux, cette semaine...

....
....

Ceci était le moment fort de cette semaine...

....
....

♡

Aujourd'hui, je
suis reconnaissante
pour:

DATE
/ /

1 ....
2 ....
3 ....
4 ....

♡

1 ....
2 ....
3 ....
4 ....

Aujourd'hui, je
suis reconnaissante
pour:

DATE
/ /

♡

Aujourd'hui, je
suis reconnaissante
pour:

DATE
/ /

1 ....
2 ....
3 ....
4 ....

♡

1 ....
2 ....
3 ....
4 ....

Aujourd'hui, je
suis reconnaissante
pour:

DATE
/ /

♡

♡

Aujourd'hui, je suis reconnaissante pour:

DATE
/ /

1 ....
2 ....
3 ....
4 ....

♡

....
....
....
....

1
2
3
4

Aujourd'hui, je suis reconnaissante pour:

DATE
/ /

♡

Aujourd'hui, je suis reconnaissante pour:

DATE
/ /

1 ....
2 ....
3 ....
4 ....

Ce qui aurait pu se passer mieux, cette semaine...

....
....

Ceci était le moment fort de cette semaine...

....
....

♡

♡

Aujourd'hui, je
suis reconnaissante
pour:

DATE
/   /

1 ....

2 ....

3 ....

4 ....

♡

1 ....

2 ....

3 ....

4 ....

Aujourd'hui, je
suis reconnaissante
pour:

DATE
/   /

♡

Aujourd'hui, je
suis reconnaissante
pour:

DATE
/   /

1 ....

2 ....

3 ....

4 ....

♡

1 ....

2 ....

3 ....

4 ....

Aujourd'hui, je
suis reconnaissante
pour:

DATE
/   /

♡

♡

Aujourd'hui, je suis reconnaissante pour:

DATE
/ /

1 ....
2 ....
3 ....
4 ....

♡

....
....
....
....
....

1
2
3
4

Aujourd'hui, je suis reconnaissante pour:

DATE
/ /

♡

Aujourd'hui, je suis reconnaissante pour:

DATE
/ /

1 ....
2 ....
3 ....
4 ....

Ce qui aurait pu se passer mieux, cette semaine...

....
....

Ceci était le moment fort de cette semaine...

....
....

LA *gratitude* VA DE
PAIR AVEC L'HUMILITÉ COMME LA
SANTÉ AVEC L'ÉQUILIBRE.

„ELIZABETH GOUDGE"

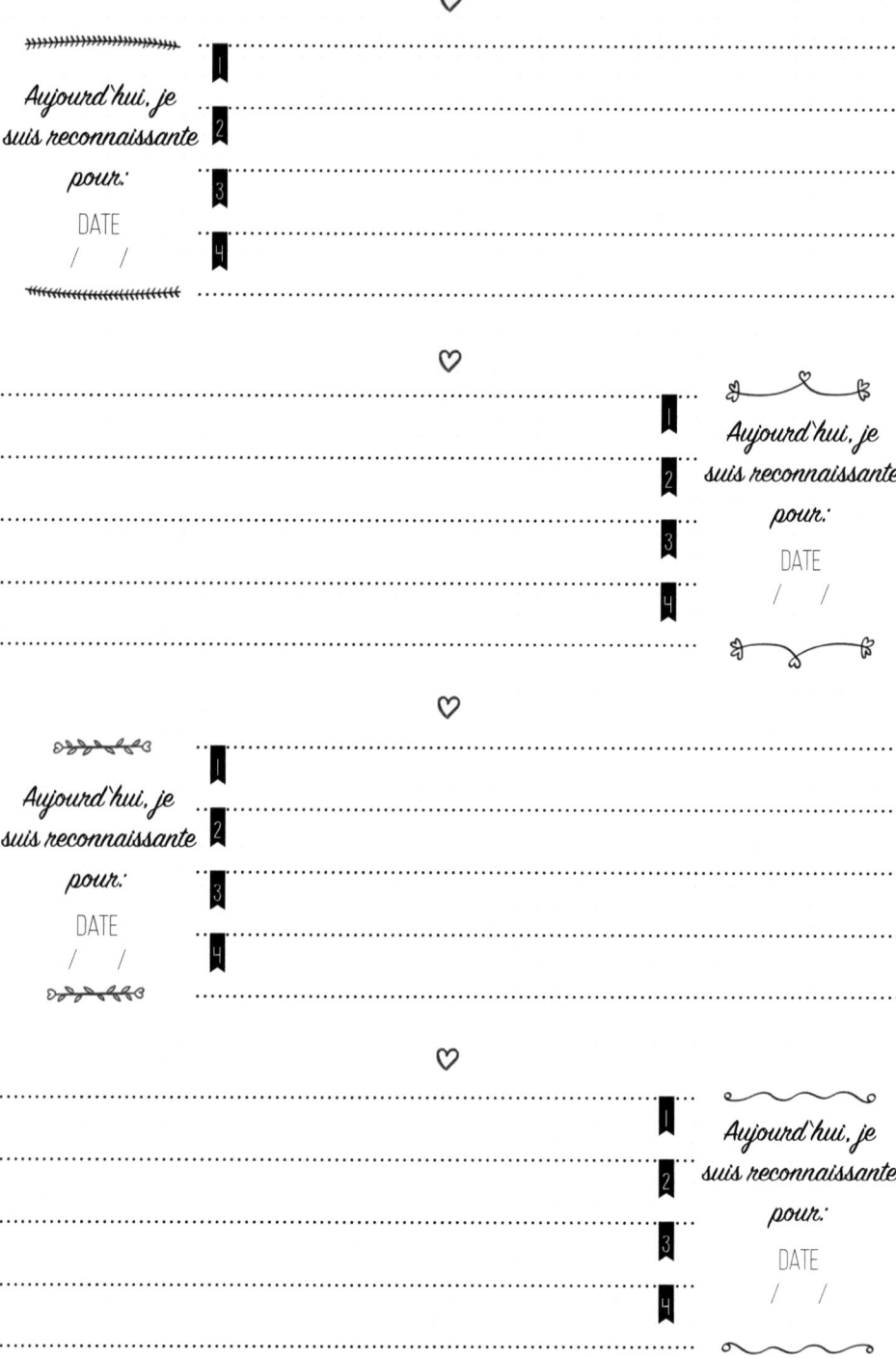

♡

*Aujourd'hui, je
suis reconnaissante
pour:*

1 ....

2 ....

DATE

3 ....

/   /

4 ....

♡

.... 1

.... 2   *Aujourd'hui, je
suis reconnaissante
pour:*

.... 3

DATE

.... 4   /   /

♡

*Aujourd'hui, je
suis reconnaissante
pour:*

1 ....

2 ....

DATE

3 ....

/   /

4 ....

♡

.... 1

.... 2   *Aujourd'hui, je
suis reconnaissante
pour:*

.... 3

DATE

.... 4   /   /

♡

♡

Aujourd'hui, je suis reconnaissante pour :

DATE
/   /

1 ....
2 ....
3 ....
4 ....

♡

....
....
....
....
....

1
2
3
4

Aujourd'hui, je suis reconnaissante pour :

DATE
/   /

♡

Aujourd'hui, je suis reconnaissante pour :

DATE
/   /

1 ....
2 ....
3 ....
4 ....

Ce qui aurait pu se passer mieux, cette semaine...

....
....

Ceci était le moment fort de cette semaine...

....
....

♡

Aujourd'hui, je
suis reconnaissante
pour:

DATE
/   /

1 ....
2 ....
3 ....
4 ....

....
....
....
....

1 *Aujourd'hui, je*
2 *suis reconnaissante*
3 *pour:*
4 DATE
/   /

Aujourd'hui, je
suis reconnaissante
pour:

DATE
/   /

1 ....
2 ....
3 ....
4 ....

....
....
....
....

1 *Aujourd'hui, je*
2 *suis reconnaissante*
3 *pour:*
4 DATE
/   /

♡

*Aujourd'hui, je
suis reconnaissante
pour:*

DATE
/ /

1
2
3
4

♡

1
2
3
4

*Aujourd'hui, je
suis reconnaissante
pour:*

DATE
/ /

♡

*Aujourd'hui, je
suis reconnaissante
pour:*

DATE
/ /

1
2
3
4

Ce qui aurait pu se passer mieux, cette semaine...

Ceci était le moment fort de cette semaine...

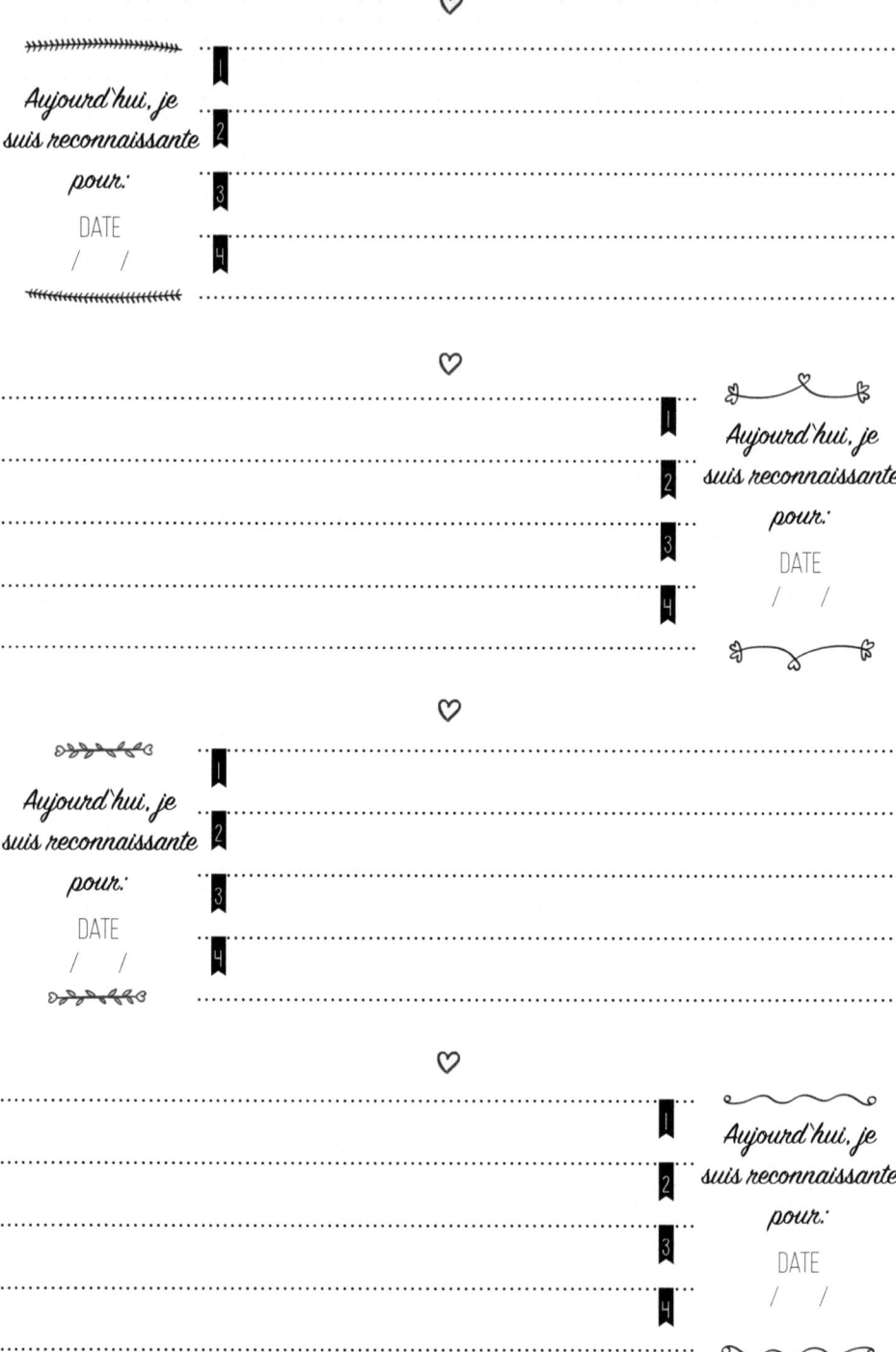

Aujourd'hui, je
suis reconnaissante
pour:

DATE
/ /

1
2
3
4

Aujourd'hui, je
suis reconnaissante
pour:

DATE
/ /

1
2
3
4

Aujourd'hui, je
suis reconnaissante
pour:

DATE
/ /

1
2
3
4

Aujourd'hui, je
suis reconnaissante
pour:

DATE
/ /

1
2
3
4

♡

Aujourd'hui, je
suis reconnaissante
pour :
DATE
/ /

1 ....
2 ....
3 ....
4 ....

♡

....
....
....
....
....

1
2
3
4

Aujourd'hui, je
suis reconnaissante
pour :
DATE
/ /

♡

1 ....
2 ....
3 ....
4 ....

Aujourd'hui, je
suis reconnaissante
pour :
DATE
/ /

Ce qui aurait pu se passer mieux, cette semaine...
....
....

Ceci était le moment fort de cette semaine...
....
....

♡

♡

Aujourd'hui, je suis reconnaissante pour :

DATE
/ /

1 ....
2 ....
3 ....
4 ....

♡

1 ....
2 ....
3 ....
4 ....

Aujourd'hui, je suis reconnaissante pour :

DATE
/ /

♡

Aujourd'hui, je suis reconnaissante pour :

DATE
/ /

1 ....
2 ....
3 ....
4 ....

♡

1 ....
2 ....
3 ....
4 ....

Aujourd'hui, je suis reconnaissante pour :

DATE
/ /

♡

♡

Aujourd'hui, je suis reconnaissante pour :

DATE
/   /

1
2
3
4

♡

1
2
3
4

Aujourd'hui, je suis reconnaissante pour :

DATE
/   /

♡

Aujourd'hui, je suis reconnaissante pour :

DATE
/   /

1
2
3
4

Ce qui aurait pu se passer mieux, cette semaine...

Ceci était le moment fort de cette semaine...

UNE SIMPLE PENSÉE DE *gratitude* DIRIGÉE VERS LE CIEL EST LA PLUS PARFAITE DES PRIÈRES

„GOTTHOLD EPHRAIM LESSING"

♡

Aujourd'hui, je suis reconnaissante pour:

DATE
/ /

1

2

3

4

♡

1

2

3

4

Aujourd'hui, je suis reconnaissante pour:

DATE
/ /

♡

Aujourd'hui, je suis reconnaissante pour:

DATE
/ /

1

2

3

4

♡

1

2

3

4

Aujourd'hui, je suis reconnaissante pour:

DATE
/ /

♡

♡

Aujourd'hui, je suis reconnaissante pour:

DATE
/ /

1 ....
2 ....
3 ....
4 ....

♡

....
....
....
....
....

1
2
3
4

Aujourd'hui, je suis reconnaissante pour:

DATE
/ /

♡

Aujourd'hui, je suis reconnaissante pour:

DATE
/ /

1 ....
2 ....
3 ....
4 ....

Ce qui aurait pu se passer mieux, cette semaine...

....
....

Ceci était le moment fort de cette semaine...

....
....

♡

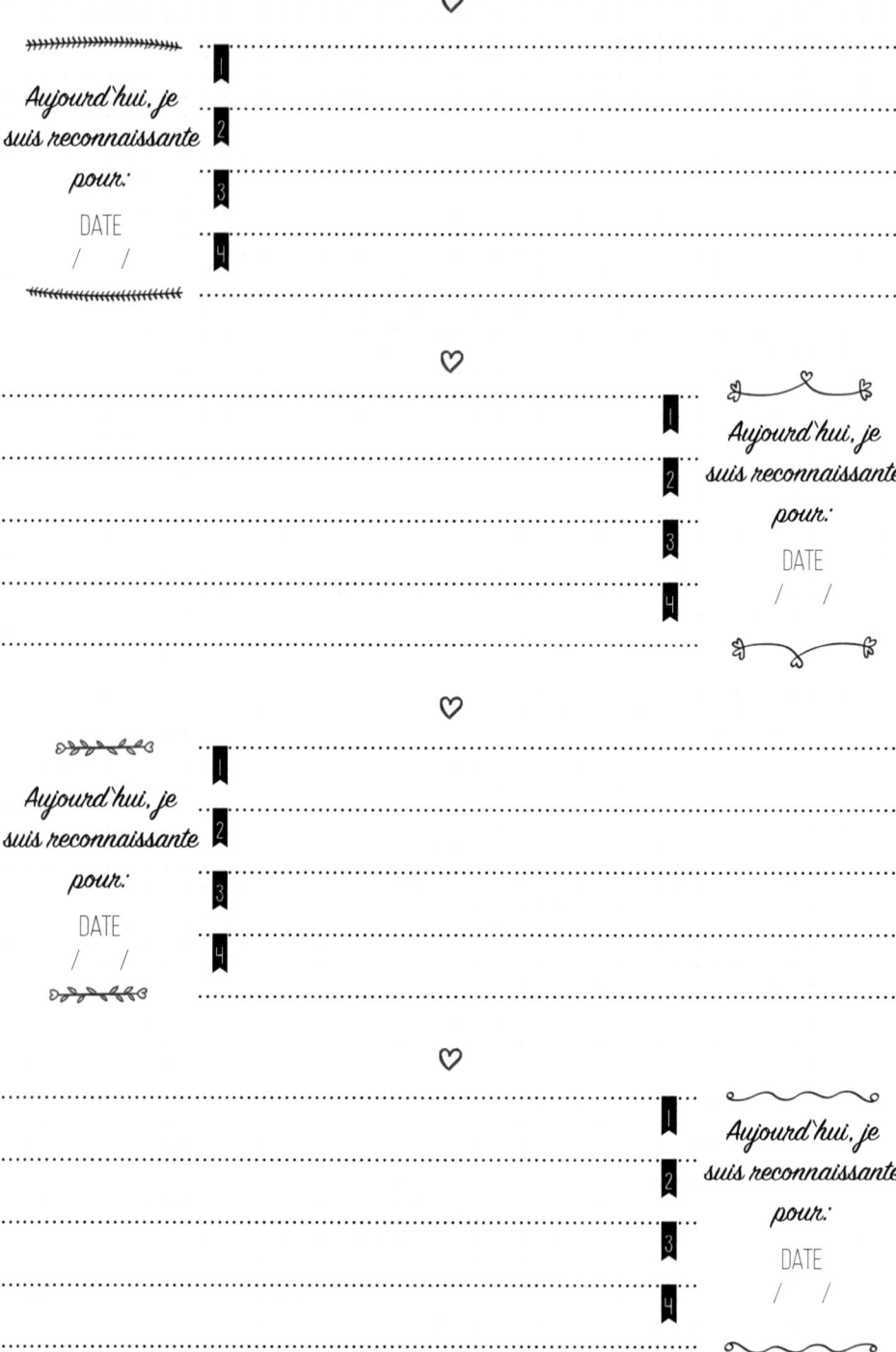

♡

Aujourd'hui, je
suis reconnaissante
pour:

DATE
/ /

1
2
3
4

♡

1
2
3
4

Aujourd'hui, je
suis reconnaissante
pour:

DATE
/ /

♡

Aujourd'hui, je
suis reconnaissante
pour:

DATE
/ /

1
2
3
4

♡

1
2
3
4

Aujourd'hui, je
suis reconnaissante
pour:

DATE
/ /

♡

♡

Aujourd'hui, je suis reconnaissante pour:

DATE
/ /

1 ....
2 ....
3 ....
4 ....

♡

....
....
....
....
....

1
2
3
4

Aujourd'hui, je suis reconnaissante pour:

DATE
/ /

♡

Aujourd'hui, je suis reconnaissante pour:

DATE
/ /

1 ....
2 ....
3 ....
4 ....

Ce qui aurait pu se passer mieux, cette semaine...

....
....

Ceci était le moment fort de cette semaine...

....
....

♡

Aujourd'hui, je suis reconnaissante pour:

DATE
/ /

1 ....

2 ....

3 ....

4 ....

♡

1 ....

2 ....

3 ....

4 ....

Aujourd'hui, je suis reconnaissante pour:

DATE
/ /

♡

Aujourd'hui, je suis reconnaissante pour:

DATE
/ /

1 ....

2 ....

3 ....

4 ....

♡

1 ....

2 ....

3 ....

4 ....

Aujourd'hui, je suis reconnaissante pour:

DATE
/ /

♡

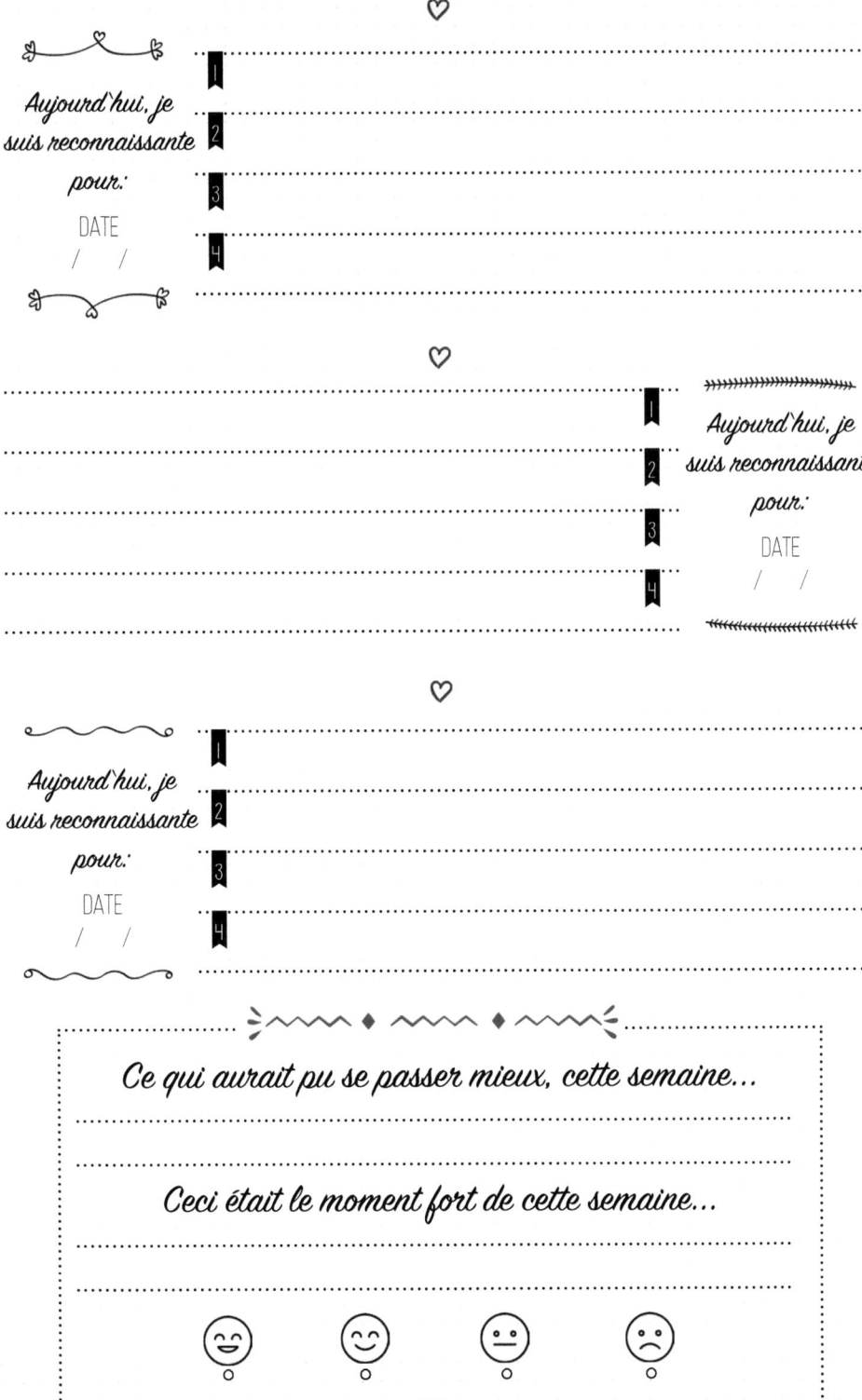

Aujourd'hui, je
suis reconnaissante
pour:

DATE
/ /

1
2
3
4

1
2
3
4

Aujourd'hui, je
suis reconnaissante
pour:

DATE
/ /

Aujourd'hui, je
suis reconnaissante
pour:

DATE
/ /

1
2
3
4

Ce qui aurait pu se passer mieux, cette semaine...

Ceci était le moment fort de cette semaine...

♡

Aujourd'hui, je
suis reconnaissante
pour:

DATE
/   /

1 ....
2 ....
3 ....
4 ....

♡

....
....
....
....
....

1
2
3
4

Aujourd'hui, je
suis reconnaissante
pour:

DATE
/   /

♡

Aujourd'hui, je
suis reconnaissante
pour:

DATE
/   /

1 ....
2 ....
3 ....
4 ....

♡

....
....
....
....
....

1
2
3
4

Aujourd'hui, je
suis reconnaissante
pour:

DATE
/   /

♡

♡

Aujourd'hui, je suis reconnaissante pour :

DATE
/ /

1 ....
2 ....
3 ....
4 ....

♡

....
....
....
....
....

1
2
3
4

Aujourd'hui, je suis reconnaissante pour :

DATE
/ /

♡

Aujourd'hui, je suis reconnaissante pour :

DATE
/ /

1 ....
2 ....
3 ....
4 ....

Ce qui aurait pu se passer mieux, cette semaine...

....
....

Ceci était le moment fort de cette semaine...

....
....

♡

LA *gratitude* PEUT
TRANSFORMER VOTRE ROUTINE
EN JOURS DE FÊTE.

WILLIAM ARTHUR WARD

♡

Aujourd'hui, je
suis reconnaissante
pour:

DATE
/ /

1 ....
2 ....
3 ....
4 ....

♡

....
....
....
....

1
2 Aujourd'hui, je
3 suis reconnaissante
pour:
4
DATE
/ /

♡

Aujourd'hui, je
suis reconnaissante
pour:

DATE
/ /

1 ....
2 ....
3 ....
4 ....

♡

....
....
....
....

1
2 Aujourd'hui, je
3 suis reconnaissante
pour:
4
DATE
/ /

♡

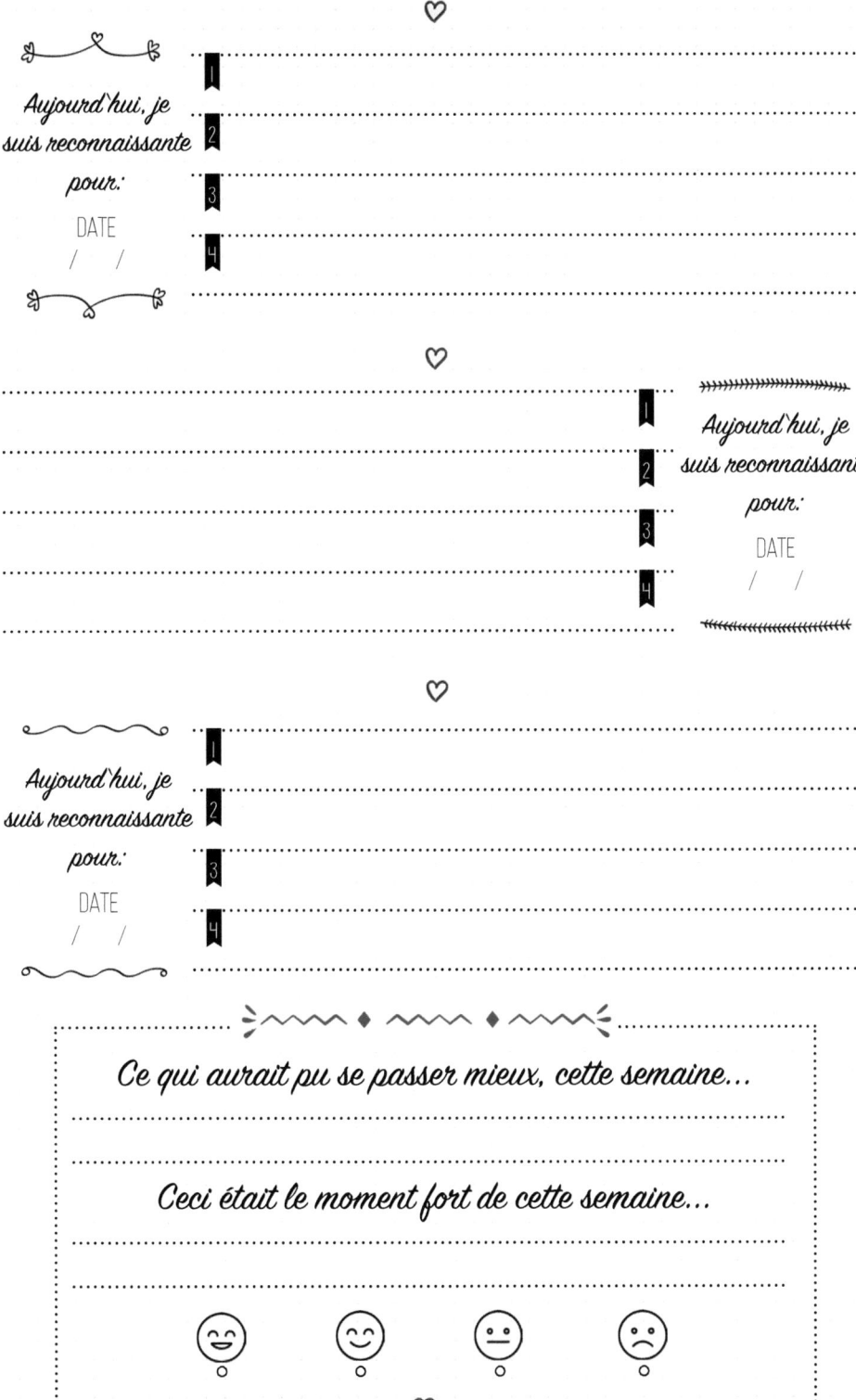

Aujourd'hui, je suis reconnaissante pour:

DATE / /

1 ....
2 ....
3 ....
4 ....

♡

....
....
....
....
....
....

1
2
3
4

Aujourd'hui, je suis reconnaissante pour:

DATE / /

♡

Aujourd'hui, je suis reconnaissante pour:

DATE / /

1 ....
2 ....
3 ....
4 ....

Ce qui aurait pu se passer mieux, cette semaine...
....
....

Ceci était le moment fort de cette semaine...
....
....

♡

Aujourd'hui, je
suis reconnaissante
pour:

DATE
/ /

1 ....

2 ....

3 ....

4 ....

♡

....
....
....
....

1
2
3
4

Aujourd'hui, je
suis reconnaissante
pour:

DATE
/ /

♡

Aujourd'hui, je
suis reconnaissante
pour:

DATE
/ /

1 ....

2 ....

3 ....

4 ....

♡

....
....
....
....

1
2
3
4

Aujourd'hui, je
suis reconnaissante
pour:

DATE
/ /

♡

♡

Aujourd'hui, je suis reconnaissante pour:

DATE
/   /

1 ....
2 ....
....
3 ....
4 ....

♡

....
....
....
....
....

1
2
3
4

Aujourd'hui, je suis reconnaissante pour:

DATE
/   /

♡

Aujourd'hui, je suis reconnaissante pour:

DATE
/   /

1 ....
2 ....
....
3 ....
4 ....

Ce qui aurait pu se passer mieux, cette semaine...

....
....

Ceci était le moment fort de cette semaine...

....
....

♡

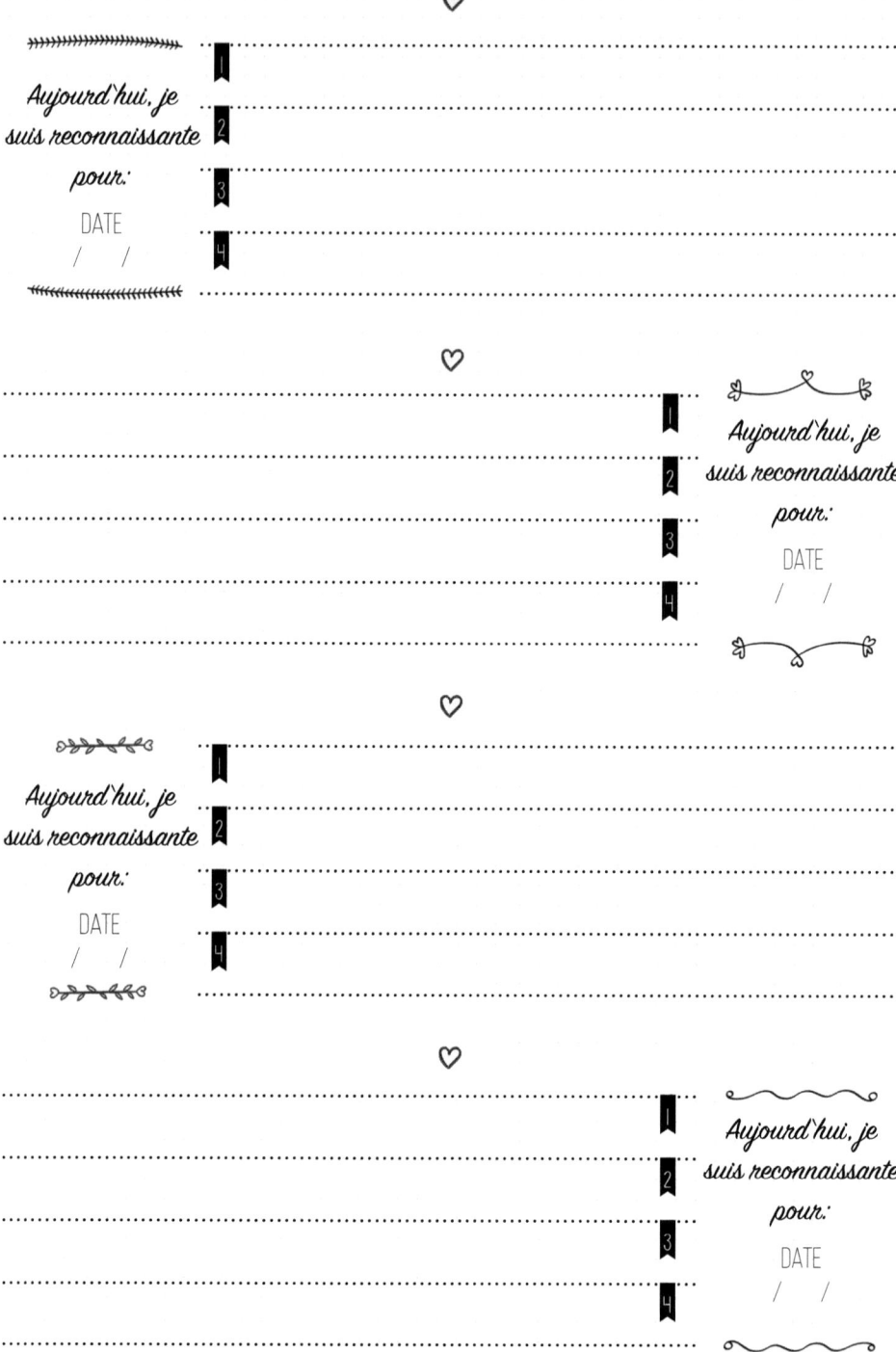

♡

Aujourd'hui, je
suis reconnaissante
pour:

DATE
/   /

1 ....
2 ....
3 ....
4 ....

♡

....
....
....
....
....

1
2   Aujourd'hui, je
3   suis reconnaissante
4   pour:

DATE
/   /

♡

Aujourd'hui, je
suis reconnaissante
pour:

DATE
/   /

1 ....
2 ....
3 ....
4 ....

♡

....
....
....
....
....

1
2   Aujourd'hui, je
3   suis reconnaissante
4   pour:

DATE
/   /

♡

♡

Aujourd'hui, je suis reconnaissante pour :

DATE
/ /

1 ....

2 ....

3 ....

4 ....

♡

1 ....

2 ....

3 ....

4 ....

Aujourd'hui, je suis reconnaissante pour :

DATE
/ /

♡

Aujourd'hui, je suis reconnaissante pour :

DATE
/ /

1 ....

2 ....

3 ....

4 ....

Ce qui aurait pu se passer mieux, cette semaine...

....

....

Ceci était le moment fort de cette semaine...

....

....

♡

♡

Aujourd'hui, je suis reconnaissante pour:

DATE
/ /

1 ....
2 ....
3 ....
4 ....

♡

1 ....
2 ....
3 ....
4 ....

Aujourd'hui, je suis reconnaissante pour:

DATE
/ /

♡

Aujourd'hui, je suis reconnaissante pour:

DATE
/ /

1 ....
2 ....
3 ....
4 ....

♡

1 ....
2 ....
3 ....
4 ....

Aujourd'hui, je suis reconnaissante pour:

DATE
/ /

♡

♡

Aujourd'hui, je suis reconnaissante pour:

DATE
/ /

1 ....
2 ....
3 ....
4 ....

♡

1 ....
2 ....
3 ....
4 ....

Aujourd'hui, je suis reconnaissante pour:

DATE
/ /

♡

Aujourd'hui, je suis reconnaissante pour:

DATE
/ /

1 ....
2 ....
3 ....
4 ....

Ce qui aurait pu se passer mieux, cette semaine...

Ceci était le moment fort de cette semaine...

😄 🙂 😐 🙁

♡

Feedback:

feedback@mertens-publication.de

IMPRESSUM

© 2018 Mertens Verlagsgruppe
Mertens Ventures Ltd.
Tefkrou Anthia No 2 Office 301
6045 Larnaca, Zypern
E-Mail: kontakt@mertens-publication.de

Édition : BoD – Books on Demand, 12/14 rond-point des Champs-Élysées, 75008 Paris.
Impression : BoD - Books on Demand, Norderstedt, Allemagne

ISBN: 978-2-3220-3130-6

Dépôt légal : août 2019